ນັບກັບຂ້ອຍ ກິລາເຕະບານ

ຂຽນໂດຍ: ເຄອາ ແຄຣີ່

ຮູບໂດຍ: ເຈອາ ປາກຸດ

Library For All Ltd.

ປຶ້ມພາສາລາວເຫຼັ້ມນີ້ ຖຶກສະໜັບສະໜູນໂດຍການຮ່ວມມືຂອງ

ຮູບແຕ້ມຕົ້ນສະບັບໂດຍ ເຈອາ ປາກຸດ

ນັບພັບຂ້ອຍ - ກິລາເຕະບານ
ແຄຣ໌, ເຖອາ
ISBN: 978-9932-01-126-1
SKU00622

ນັບກັບຂ້ອຍ
ກິລາເຖະບານ

1 ໜຶ່ງ
ໝາກບານໜຶ່ງໜ່ວຍ ກຽມພ້ອມທີ່ຈະ
ເລີ່ມຫຼິ້ນເກມ.

2 ສອງ
ເດັກນ້ອຍສອງຄົນກຳລັງເຕະບານ.

3 ສາມ
ໝູ່ສາມຄົນ ມາເຕະບານນຳກັນ.

4 ສີ່
ເດັກນ້ອຍສີ່ຄົນແລ່ນໄລ່ເອົາໝາກບານ.

5 ທ້າ ໆ

ເຕະເຂົ້າທ້າປະຕູແລ້ອ!

6 ທີບ

ເກີບທີບຄູ່ອ້າງຢູ່ຂ້າງເຄີບ.

7 ເຈັດ

ແມງໄມ້ເຈັດໂຕບິນເອີ່ນຢູ່ກາງເຖີ່ນ.

8

ແປດ

ຕົ້ນໄມ້ແປດຕົ້ນໃຊ້ເປັນປະຕູແອ່ງຮັບ.

9 ເກົ້າ

ເກົ້າຄົນຢືນເຊຍຢູ່ຂ້າງເຖິ່ນ.

10 ສິບ

ໝາກກ້ຽງສິບໜ່ວຍ
ເປັນອາຫານວ່າງຕອນພັກເຖິງເວລາ.

ຂໍ້ມູນທາງບັນນານຸກົມຂອງຫໍສະໝຸດແຫ່ງຊາດ

ເຄອາ ແຄຣ໌

ນັບກັບຂ້ອຍ - ກິລາເຕະບານ / ໂດຍ ເຄອາ ແຄຣ໌.
-- ອຽງຈັນ:ສำນັກພິມ ແລະ ຈำໜ່າຍປຶ້ມແຫ່ງລັດ, 2019

10 ໜ້າ : ພາບປະກອບ ; 21 ຊມ
1. ການນັບ
2. ວັນນະກำສำລັບເດັກ
3. ຄະນິດສາດ
I. ຊື່ເລື່ອງ

513.211 -- dc21
ISBN 978-9932-01-126-1
ເລກທະບຽນພິມຈำໜ່າຍ: ຕາມ ທບ 185 ພຈ 17062019

ກ່ຽວກັບຜູ້ຂຽນ

ເຖອາແຄຣ່ ເຕີບໃຫຍ່ຂຶ້ນມາພ້ອມກັບການຮັກການອ່ານ, ການຂຽນ ແລະ ການຮຽນຮູ້. ໃນຖານະທີ່ເປັນຄູອາຈານສອນ ທ່ານບາງ ແຄຣ່ ໄດ້ມີໂອກາດ ແບ່ງປັນການຮຽນຮູ້ໃນຊີວິດກັບຄົນຮຸ່ນໃໝ່. ເຖອາ ມັກການຂຽນໃຫ້ເລື່ອງ ລາວຕ່າງໆມີຊີວິດຊີວາຜ່ານຕົວແບບ ແລະ ມັກແບ່ງປັນປະສົບການການອ່ານ ການຂຽນ ຜ່ານສິນລະປະ, ການເຕັ້ນ, ດົນຕີ ແລະ ສີສ້າງສັນ ແລະ ກິດຈະກຳການສະແດງລະຄອນຕ່າງໆ.

ເມື່ອບໍ່ໄດ້ຢູ່ໃນໂລກຂອງການຈິນຕະນາການ ທ່ານ ເຖອາ ມັກທີ່ຈະຟ້ອນລຳ, ໄປຢ່າງປ່າ, ຖ່າຍຮູບ, ຫຼິ້ນເປຍໂນ ແລະ ເອົາຕະກຽກເຮັດໃຫ້ຄົນອື່ນມີຄວາມສຸກ ມິສຽງຫົວ. ນອກຈາກນີ້ ລາວຍັງເປັນອາສາສະໝັກ ໃນອງກງານຫຼາຍດ້ານ.

"ຈົ່ງປ່ຽນແປງ ຕາມທີ່ທ່ານຕ້ອງການທີ່ຈະເຫັນຢູ່ໃນໂລກນີ້" ທ່ານ ມະຫາຕະມະ ຄານທີ

"I alone cannot change the world, but I can cast a stone across the waters to create many ripples."

~ Mother Teresa.